DROIT CIVIL FRANÇAIS

EXPOSÉ ÉLÉMENTAIRE

DES

PRINCIPES

DE LA

PRESCRIPTION

à l'usage des Etudiants de deuxième année

PAR

V. LERAY

LICENCIÉ-ÈS-SCIENCES MATHÉMATIQUES,
DOCTEUR EN DROIT,
RÉPÉTITEUR DE DROIT.

Prix : 1 franc

PARIS

V. LERAY	F. MAS, Imprimeur,
29, Avenue des Gobelins, 29	194, Avenue du Maine, 194

1891

EXPOSÉ ÉLÉMENTAIRE

DES

PRINCIPES

DE LA

PRESCRIPTION

à l'usage des Etudiants de deuxième année

PAR

V. LERAY

LICENCIÉ ÈS-SCIENCES MATHÉMATIQUES,
DOCTEUR EN DROIT,
RÉPÉTITEUR DE DROIT.

PARIS

V. LERAY	F. MAS, Imprimeur,
29, Avenue des Gobelins, 29	194, Avenue du Maine, 194

1891

DE LA PRESCRIPTION

On donne le nom de prescription à deux institutions bien distinctes. La prescription est, en effet, tantôt un mode d'acquérir (elle est dite alors *acquisitive*), tantôt un mode de libération (elle est dite alors *libératoire* ou *extinctive*).

Le mot prescription vient de *præ scribere* (*écrire en tête de*). A Rome, en effet, sous la procédure formulaire, la prescription s'invoquait au moyen d'une sorte d'exception placée en tête de la formule.

CHAPITRE PREMIER

PRESCRIPTION ACQUISITIVE OU USUCAPION

La prescription acquisitive ou usucapion (de *usu capere*) est un mode d'acquérir la propriété immobilière et certains droits réels, au moyen d'une possession utile prolongée pendant un certain temps (trente années au maximum).

L'intérêt général, auquel le législateur subordonne, avec raison, l'intérêt particulier, exige, en effet, qu'il y ait un terme après lequel il ne soit plus permis d'inquiéter un possesseur d'immeubles, que la possession de celui-ci soit, ou non, fondée sur un droit réellement existant.

Il est évident que l'on arrive quelquefois ainsi à consacrer des injustices ; il est évident qu'un possesseur peut, sans droit, dépouiller, après un certain temps de possession, le véritable propriétaire d'un immeuble.

Mais les avantages de la prescription acquisitive sont infiniment supérieurs à ses inconvénients : En effet, si l'on ne pouvait invoquer comme titre le seul fait d'une possession prolongée pendant un temps d'ailleurs considérable, la propriété immobilière se trouverait dans un état d'incertitude absolue. Car celui qui ne pourrait invoquer comme titre que son acquisition de propriété devrait prouver que son auteur, c'est-à-dire celui dont il tient son droit, était, lui aussi, propriétaire : *nemo dat quod non habet*.

Et pour prouver ce dernier point, il devrait établir la propriété des auteurs de son auteur, et ainsi de suite ; il arriverait très vite un moment où une semblable preuve serait impossible. En admettant, au contraire, la théorie de la prescription acquisitive, la preuve d'une possession trentenaire utile suffira pour que, dans tous les cas, la propriété soit absolument consolidée.

Ajoutons que le propriétaire actuel d'un immeuble peut avoir égaré l'acte prouvant qu'il a acquis il y a fort longtemps : cette hypothèse est surtout possible au cas où l'acte d'acquisition aurait été passé sous seing privé. Ce propriétaire remplacera alors son titre perdu par la preuve d'une possession paisible, non équivoque, et d'une durée suffisante : la prescription confirmera donc son droit *ergà omnes*.

Enfin, ceux à qui une semblable prescription pourrait nuire, au cas assez rare où elle consacrerait une injustice ou une usurpation, ont, tout au moins, une grave négligence à se reprocher, puisqu'ils ont laissé, sans agir en revendication, sans s'opposer à cette usurpation, s'écouler un très long laps de temps : *videtur alienare qui patitur usucapi.*

C'est donc l'intérêt social qui est la base de la prescription, appelée à bon droit *patrona generis humani.* Il y a, cependant, des législations modernes (la législation allemande, par ex.) qui n'admettent pas la prescription acquisitive. Mais il en est ainsi parce qu'elles font reposer exclusivement le fondement de la propriété immobilière sur une inscription prise sur des registres fonciers. En sorte que l'intérêt social est bien encore sauvegardé, mais il l'est autrement que dans notre Droit.

Le fondement de la prescription acquisitive est la possession que la loi, après un certain temps, convertit en un droit de propriété, en consolidant définitivement le droit du possesseur.

En même temps que la prescription fait acquérir la propriété au possesseur, elle éteint l'action en revendication qui, avant la prescription accomplie, appartenait au propriétaire précédent. En tous cas, il ne faut pas voir dans la prescription acquisitive une présomption légale qu'il y a eu, jadis, par le prescrivant, une acquisition immobilière dont la preuve est perdue : la prescription est un véritable moyen d'acquérir (art. 712).

§ 1. — Biens auxquels s'applique la prescription acquisitive. — Cette prescription s'applique à l'acquisition de la propriété immobilière et de certains autres droits réels, comme l'usufruit des immeubles et les servitudes continues et apparentes. Mais elle ne s'applique pas : 1° aux servitudes qui ne sont pas, à la fois, continues et apparentes, car il va être dit que toute possession, pour conduire à la prescription, doit être à la fois publique et continue ; 2° aux créances : Ex. : une personne, croyant devoir, paie pendant trente ans, à son créancier imaginaire, les intérêts d'une créance qui n'existe pas : cette créance ne sera pas acquise, par prescription, à celui qui touche indûment ces intérêts.

La prescription acquisitive ne peut évidemment s'appliquer aux biens que la loi déclare imprescriptibles. Ex. : Sous le régime dotal, la prescription ne peut pas *commencer* à courir, en faveur d'un tiers, contre un immeuble dotal. Elle ne s'applique pas davantage aux biens qui, faisant partie du domaine *public* (Ex. : une route nationale), ne sont pas dans le commerce.

Au contraire, les biens du domaine *privé* de l'Etat, des établissements publics, des communes, sont prescriptibles exactement comme ceux des particuliers (art. 2227).

§ 2. — DE LA POSSESSION. — A. — *Généralités et définitions.* — La possession, condition fondamentale et essentielle de la prescription acquisitive, est la détention ou la jouissance d'une chose ou d'un droit, que nous avons par nous-même ou par un autre. C'est un *pouvoir de fait* que nous exerçons sur une chose que nous avons, *en fait*, à notre disposition. En d'autres termes, posséder c'est exercer *en fait* le droit de propriété, se comporter, *en fait*, comme propriétaire.

Il faut donc soigneusement distinguer la possession et la propriété : La propriété est un droit, la possession est un fait ; le droit, c'est-à-dire la propriété, et le fait, c'est-à-dire la possession, sont souvent réunis ; mais, quelquefois aussi, ils sont séparés : Une personne qui achète, d'un non-propriétaire, une maison, n'acquiert, une fois installée dans cette maison, que la possession de celle-ci : le vrai propriétaire, qui n'a pas figuré à la vente, conserve, au moins momentanément, son droit.

La possession implique : 1° la détention matérielle de la chose, par le possesseur ou par une personne détenant pour son compte (c'est le *corpus* du droit romain) ; 2° la volonté de se conduire, par rapport à la chose, comme un propriétaire véritable (c'est *l'animus* du droit romain).

Celui qui détient pour le compte d'un autre n'est donc pas un possesseur véritable, mais un simple détenteur ou possesseur précaire : Ex. : un fermier détient la chose, mais pour autrui et précairement.

Du reste, l'existence de la possession, comme l'existence de tout fait, peut se prouver par tous moyens.

B. — *Avantages de la possession.* — 1° Le possesseur de bonne foi acquiert, tant que dure sa bonne foi, les fruits produits par la chose possédée (art. 549 et 550).

2° La possession fait, jusqu'à preuve contraire, présumer la propriété. Le droit est censé exister quand existe le fait. Par suite, la possession assure au possesseur la situation de *défendeur*, si quelqu'un, se prétendant propriétaire, intente contre lui, en justice, l'action en revendication : il voit venir, n'a rien à prouver *(onus probandi incumbit actori)*, et si le revendiquant ne peut prouver sa propriété, le possesseur, sans avoir rien prouvé, reste en possession et continue à prescrire.

3° Le possesseur *annal* d'un immeuble a d'ailleurs l'exercice des *actions possessoires* pour se faire maintenir dans sa possession, ou s'y faire réintégrer, s'il l'a perdue. Ces actions possessoires sont : la *complainte,* donnée pour faire cesser tout trouble apporté à la possession de l'immeuble ; *la réintégrande,* pour recouvrer la possession perdue ; *la dénonciation de nouvel œuvre,* pour empêcher l'exécution, par le voisin, de travaux quelconques sur le fonds possédé.

Ces actions possessoires qui appartiennent au *possesseur annal* appartiennent à *fortiori* au *propriétaire* qui possède depuis plus d'une année. Celui-ci peut donc, au moyen de ces actions et sans même prouver sa propriété, faire cesser toute usurpation, sauvegarder tous ses droits, puisque, par hypothèse, une revendication intentée contre lui ne pourrait aboutir.

4° Enfin, la possession peut conduire à la prescription. Demandons-nous à quelles conditions.

C. — *Caractères que doit présenter la possession pour que la prescription puisse être acquise.* — *a) La possession doit être continue.* — La possession doit se manifester par des actes qui constituent l'exercice normal et régulier du droit : les servitudes discontinues ne peuvent donc être, comme il a été dit plus haut, acquises par prescription.

D'ailleurs, celui qui invoque la prescription n'a pas à prouver la continuité de sa possession pendant toute la durée de celle-ci. La continuité est, en effet, présumée par la loi, quand la possession a été continue lors de son début et de sa fin : *media præsumuntur, extremis probatis* (art. 2234).

b) La possession doit être ininterrompue. — La possession ne doit pas avoir été interrompue *soit civilement* (reconnaissance du droit du véritable propriétaire, émanée du possesseur : art. 2248 ; poursuites dirigées, contre le possesseur, par le propriétaire : art. 2244), *soit naturellement* (abandon volontaire de la part du possesseur, ou dépossession annale).

La principale différence qui existe entre la possession discontinue et la possession interrompue est que la discontinuité provient du fait du possesseur lui-même, tandis que l'interruption est souvent le fait des tiers.

c) La possession doit être paisible (art. 2233). — La possession n'est pas paisible quand elle a eu lieu par violence matérielle ou morale ; la possession utile à l'effet de prescrire ne commencerait alors que du jour où la violence aurait cessé. D'ailleurs, la possession n'est vicieuse qu'à l'égard de la personne contre laquelle cette violence a été employée.

d) La possession doit être publique. — La possession est publique quand elle a pu être, à toute époque, connue de tous ceux qui l'ont voulu connaître. La clandestinité résulterait donc de ce que les actes de possession seraient pratiqués en cachette ; ces actes ne conduisent pas à la prescription, car les intéressés, par cela même qu'ils les ignorent, ne peuvent s'y opposer.

e) Il faut posséder à titre de propriétaire. — I. — Il faut posséder pour soi et non pour autrui. Ceux qui possèdent pour autrui sont des détenteurs précaires : leur possession est entachée du vice de précarité. Le possesseur précaire, n'ayant pas *l'animus sibi habendi*, ne peut prescrire contre personne.

II. — A quels signes peut-on, en fait, reconnaître les possesseurs précaires ? Le possesseur précaire est celui qui détient en vertu d'une convention ou d'une qualité d'après laquelle il est tenu de restituer la chose, soit à l'époque que fixe la convention, soit à l'époque où la qualité prend fin.

C'est ainsi que le fermier, le dépositaire, sont des possesseurs précaires ; ils ne peuvent prescrire : on ne prescrit pas contre son titre, en vue d'acquérir.

Sont encore des possesseurs précaires, de simples détenteurs : 1° Le créancier gagiste ; 2° l'emphytéote, à supposer que l'emphytéose existe encore, comme droit réel, dans notre Droit ; 3° tous administrateurs conventionnels ou légaux des biens d'autrui (Ex. : Les tuteurs, le mari administrateur des biens de sa femme). Ces détenteurs ne peuvent jamais prescrire.

III. — Le caractère précaire ou non précaire d'une possession peut faire l'objet d'une contestation ; quelles preuves doivent alors être fournies ? D'abord, on est toujours présumé posséder pour soi et à titre de propriétaire, s'il n'est pas prouvé qu'au début on ait possédé pour autrui (art. 2230). Inversement, on est présumé posséder indéfiniment pour autrui si, à l'origine, on a possédé pour autrui (art. 2231). En sorte que, en principe, le possesseur précaire ne peut commencer à posséder *proprio nomine* lorsqu'il a commencé à posséder pour autrui. On ne peut donc prescrire contre son titre : *nemo potest sibi causam possessionis mutare*. Conséquence : *melius est nullum habere titulum, quàm vitiosum*.

IV. — Le décès du possesseur précaire ne met pas toujours fin au vice de précarité. Ce vice affecte la possession entre les mains de ses héritiers, continuateurs juridiques de sa personne (art. 2237). Mais, d'autre part, l'ayant-cause *à titre particulier* du possesseur précaire (par ex., le légataire particulier du bien précairement possédé), pourra commencer personnellement une possession non précaire, c'est-à-dire utile pour conduire à la prescription (art. 2239) : ce légataire, en effet, ne continue pas la personnalité juridique du possesseur précaire défunt. Le titre en vertu duquel il possède est le legs qu'il a reçu ; ce titre n'implique aucune précarité. De même, si un fermier vend à un tiers l'immeuble qu'il détient, la possession de ce tiers acquéreur, dont le titre est la vente à lui consentie, ne sera pas entachée du vice de précarité.

V. — *Interversion de la possession.* — La précarité, avons-nous dit, ne peut, en principe, cesser en la personne du détenteur précaire luimême. Cependant, dans certains cas particuliers, ceux où il se produit une *interversion de possession*, la précarité peut, par exception, cesser même dans la personne du détenteur précaire (art. 2238).

Il y a deux *causes d'interversion* de la possession précaire : 1° Le titre de la possession peut être interverti par une cause provenant du *fait d'un tiers*. Ex. : Un usufruitier, comme tel possesseur précaire, achète la nue propriété du fonds dont il a l'usufruit à une personne qui se prétend héritière du nu-propriétaire décédé : même si ce vendeur n'est pas l'héritier véritable, l'usufruitier aura interverti sa qualité de simple détenteur et commencera la possession utile à l'effet d'acquérir la propriété ; 2° l'interversion du titre de la possession précaire peut aussi résulter de la *contradiction* formelle, par le possesseur, du droit du propriétaire. Ex. : Un fermier, assigné en paiement de ses fermages, refuse de payer, en prétendant avoir découvert qu'il est propriétaire. Ou bien encore, avant toute poursuite, et en invoquant le même motif, le fermier notifie par huissier, à son bailleur, qu'il ne paiera plus, désormais, aucun fermage. Ainsi le détenteur entre ici directement en conflit avec celui au nom duquel il avait possédé jusque là.

f) Les actes de *pure faculté* et ceux de *simple tolérance* ne peuvent fonder la possession utile à l'effet de prescrire (art. 2232). Que faut-il entendre par là ?

I. — Les actes de *pure faculté* sont ceux que leur auteur a le *droit* de faire, qui n'impliquent aucune agression, aucun empiètement sur le droit d'autrui, et ne peuvent, par suite, motiver aucune réclamation de qui que ce soit.

Ces actes ne peuvent fonder ni possession ni prescription. Ex. : Une commune possède des biens livrés à la jouissance de tous les habitants ; or, pendant plus de trente ans, un seul habitant, *Primus*, en a joui. A ce moment, un autre habitant, *Secundus*, commence à retirer de ces biens communaux l'utilité qu'ils étaient destinés à produire pour tous. Dans ces conditions *Primus* ne peut pas, pour jouir seul, invoquer la prescription contre *Secundus*, car ses actes de jouissance ont toujours été des actes de pure faculté ; il a, en effet, usé du droit qui appartenait à tous en général et à lui en particulier ; en d'autres termes, il a usé de son droit, sans empiéter, en aucune façon, sur le droit d'autrui.

En second lieu, le droit de faire des actes de pure faculté ne s'éteint pas par prescription, c'est-à-dire par le non-usage : *Les facultés ne se prescrivent donc pas*. Ex. : Un propriétaire peut bâtir ou planter sur son terrain même si, depuis un très long temps, il n'a ni bâti, ni planté. Le voisin ne peut, en effet, avoir acquis, par prescription, contre ce propriétaire, une servitude de ne pas bâtir, puisque les servitudes non apparentes ne peuvent s'acquérir par prescription.

II. — *Les actes de simple tolérance* sont ceux qu'une personne aurait le droit d'empêcher, mais qu'elle laisse faire, parce qu'ils ne lui causent, en général, qu'un préjudice fort restreint. Ces actes, permis le plus souvent à titre de bon voisinage, ne peuvent conduire à la prescription. On peut ainsi expliquer que les servitudes discontinues (ex. : un droit de passage) ne puissent être acquises par prescription.

g) La possession ne doit pas être équivoque. — Il ne doit y avoir aucune équivoque dans la publicité, la continuité, etc., de la possession ; Il ne faut pas non plus qu'on puisse faire rentrer les actes de possession dans la catégorie des actes de simple tolérance et de pure faculté.

h) La possession doit avoir une certaine durée. — Pour conduire à la prescription, la possession utile doit se prolonger pendant un certain temps ; mais il n'est pas nécessaire que cette possession utile soit exercée indéfiniment par la même personne ; on peut, en effet, *joindre* à sa possession celle de son auteur (art. 2235), c'est-à-dire la possession de celui de qui on tient son titre.

Il importe de bien distinguer ici la jonction de possession et la continuation de possession. Il y a *jonction de possession* lorsque le bien possédé est transmis *à titre particulier* (Ex. : par suite d'une vente) ; il y a, au contraire, *continuation de possession*, quand le bien possédé est transmis à titre universel, c'est-à-dire quand il est transmis à un héritier ou à un légataire universel.

I. — *Jonction de la possession.* — Au cas de jonction de possession, chacun des deux possesseurs successifs a une possession très distincte. L'ayant cause à titre particulier (Ex. : un acheteur) peut bien invoquer uniquement la possession qui lui est personnelle ; mais il peut aussi joindre à sa possession la possession qu'avait son auteur ; il y a intérêt, car nous supposons essentiellement que la possession de cet auteur, le vendeur, était utile, non précaire, c'est-à-dire pouvait, suffisamment prolongée, conduire à la prescription. Appliquons ces principes.

Le possesseur originaire, supposons-le, avait juste titre et bonne foi ; or, cette circonstance d'avoir juste titre et bonne foi abrège, comme il va bientôt être dit, la durée de la possession requise pour prescrire. Ce possesseur originaire avait donc commencé à prescrire l'immeuble par dix ou vingt ans, suivant le cas ; il vend, dans ces conditions, l'immeuble, et l'acheteur sait que son vendeur n'est pas propriétaire ; en d'autres termes, l'acheteur est de mauvaise foi : Cet acheteur ne pourra pas alors prescrire par dix ou vingt ans, puisqu'il n'a pas juste titre *et* bonne foi ; il commencera seulement, de son chef, une possession nouvelle, et ne pourra se prévaloir de la possession de son auteur que pour joindre cette possession à la sienne, en vue d'arriver à *la prescription de trente ans*, que peuvent seulement invoquer les possesseurs qui n'ont pas juste titre et bonne foi. Si donc le possesseur originaire avait déjà possédé pendant neuf ans, l'acquéreur de mauvaise foi devra posséder encore pendant vingt et un ans pour devenir propriétaire par l'effet de la prescription.

Si, inversement, le vendeur est de mauvaise foi, l'acquéreur de bonne foi peut prescrire, de son chef, par dix ou vingt ans, en commençant une prescription privilégiée nouvelle ; mais si le vendeur de mauvaise foi avait déjà possédé pendant vingt-cinq ans, par ex., l'acheteur de bonne foi pourrait invoquer cette possession et n'aurait plus qu'à posséder pendant cinq années pour avoir définitivement prescrit.

II. — *Continuation de la possession.* — Les successeurs à titre universel *continuent* la possession de leur auteur : Si donc le défunt était un détenteur précaire, l'héritier n'aura pas une possession suffisante pour conduire à la prescription. Mais, inversement, si le défunt possédait utilement, son héritier continuera toujours *la même prescription* que son auteur, s'il eût vécu plus longtemps, eût pu invoquer lui-même.

§ 3. — Etude des différentes prescriptions acquisitives. — La prescription acquisitive comprend :

1° La prescription de trente ans, qui est celle du droit commun ; 2° la prescription de 10 à 20 ans, qui est une prescription abrégée dans des cas particulièrement favorables.

A. — *Prescription trentenaire.* — *a)* Toutes les actions, tant réelles que personnelles, sauf celles que la loi déclare imprescriptibles et perpétuelles (comme les actions en réclamation d'état et l'action en partage), se prescrivent par un laps de temps de 30 ans au maximum (art. 2262) : il en est en particulier ainsi de l'action en revendication que le propriétaire d'un immeuble dirigerait contre une personne qui, pendant trente ans, aurait eu, sur cet immeuble, la possession utile à l'effet de conduire à la prescription.

Une fois que la possession trentenaire, utile, a eu lieu, la propriété est acquise au possesseur, *même de mauvaise foi, même dépourvu de tout titre.* Il en est du moins ainsi pourvu qu'aucune cause d'interruption ou de suspension ne se soit produite pendant cette possession. Ces causes de suspension ou d'interruption seront étudiées en détail quand la théorie de la prescription libératoire, considérée comme mode d'extinction des obligations, aura été exposée.

b) Effets de la prescription trentenaire. — L'usucapion de trente ans sert à acquérir non seulement la propriété, mais encore les servitudes continues et apparentes (art. 690). De même on peut concevoir, au moins en droit, qu'un possesseur de mauvaise foi puisse acquérir ainsi l'usufruit d'un immeuble indépendamment de la propriété ; en pratique, le possesseur entendra toujours acquérir la pleine propriété, puisque, qu'il s'agisse d'acquérir l'usufruit ou la pleine propriété, ses actes de possession sont identiques.

B. — *Prescription de 10 à 20 ans.* — Dans certaines hypothèses, le délai de la prescription acquisitive en matière immobilière, délai qui, dans le cas général, est de trente ans, est abrégé en raison de la faveur que mérite le possesseur, *lorsque celui-ci a juste titre et bonne foi.* Le délai peut alors être réduit à un maximum de dix ans, et ne dépasse jamais vingt ans ; il peut osciller d'un nombre infini de manières entre ces deux limites extrêmes, comme on va le voir.

a) Conditions requises pour la prescription de dix à vingt ans. — Cette prescription abrégée suppose deux conditions de plus que celles exigées pour la prescription ordinaire de trente ans. Ces conditions sont : le juste titre, la bonne foi.

I. — *Du juste titre.* — Le juste titre est celui qui aurait transféré la propriété s'il était émané du véritable propriétaire.

La vente, l'échange, la donation, les legs, etc., qui, émanés du véritable propriétaire, transféreraient la propriété, sont donc de justes titres d'acquisition. Mais les transactions, ou les partages, qui sont simplement déclaratifs, ne constituent pas, en eux-mêmes, des justes titres ; par ex., les lots qui, à la suite d'un partage de succession, tombent dans le patrimoine des héritiers, sont acquis à ceux-ci en vertu de la succession et non du partage : le nouveau possesseur n'a donc d'autre titre que celui qu'il tient directement du défunt.

Pour conduire à l'usucapion abrégée, le titre en vertu duquel on possède doit être régulier en la forme, et réellement existant. Il ne doit donc pas être putatif ou nul.

Le titre putatif est celui qui n'existe que dans la croyance du possesseur. Ex. : Une personne donne à une autre personne le mandat d'acheter un immeuble ; elle entre en possession de celui-ci, croyant que le mandataire s'est conformé à ses instructions ; or, le mandat n'a pas été exécuté : le titre du mandant, devenu possesseur, sera putatif ; l'usucapion abrégée n'est pas possible.

Le titre est *nul*, quand il consiste en un contrat contenant un vice de forme annulant ce contrat. Ex. : une possession commencée en conséquence d'une donation nulle pour vice de forme, ne peut conduire à l'usucapion de 10 à 20 ans (art. 2267).

Non seulement le juste titre doit être réellement existant, mais il doit de plus, avoir date certaine, puisqu'un titre, *émané du véritable propriétaire* aurait besoin d'avoir date certaine pour être opposable aux tiers et que le juste titre, par définition, est celui qui eût transféré la propriété s'il fût émané du véritable propriétaire. De même, ce juste titre doit être transcrit (art. 3, loi du 23 mars 1855), si, par sa nature, il nécessite la transcription pour pouvoir être valablement opposé aux tiers.

II. — *De la bonne foi.* — La bonne foi est la croyance de l'acquéreur à la complète existence de droit de propriété en la personne de l'auteur du titre (en la personne du vendeur, au cas d'une acquisition par suite d'un achat).

D'ailleurs la bonne foi est toujours, et jusqu'à preuve du contraire, présumée exister (art. 2268). Donc, le possesseur n'a qu'à prouver son juste titre pour pouvoir invoquer l'usucapion de 10 ou 20 ans, et c'est à son adversaire à prouver, pour empêcher l'usucapion abrégée, la mauvaise foi de ce possesseur.

De plus, la bonne foi est requise chez le possesseur seulement au moment où commence la possession (art. 2269). En sorte que si, plus tard, le possesseur découvre son erreur, c'est-à-dire s'il devient de mauvaise foi, il n'en continuera pas moins à usucaper par dix ou vingt ans. Cette disposition est critiquable, puisque c'est en considération de la bonne foi du possesseur que la loi sacrifie ici le droit du véritable propriétaire.

III. — *Remarque.* — Le juste titre et la bonne foi ne doivent pas être confondus. Par ex., un possesseur peut être de bonne foi, et n'avoir qu'un titre putatif ou nul ; par suite de sa bonne foi, il acquerra les fruits produits par la chose possédée, mais sa possession ne pourra pas le conduire à l'usucapion par dix ou vingt ans.

b) Etude du délai de 10 à 20 ans. — Quand l'existence du juste titre et celle de la bonne foi s'ajoutent aux conditions ordinaires de la possession, le délai ordinaire de trente ans, nécessaire pour conduire à la prescription acquisitive, est abrégé et fixé en principe à dix ans, sauf à doubler ce délai au cas de non présence, ou plutôt d'éloignement, du propriétaire contre qui l'on prescrit.

Le délai de la prescription abrégée est de dix années quand le propriétaire contre lequel on prescrit est présent. Or, ici, le propriétaire est censé présent, d'après la loi, quand il a soit son domicile légal, soit même, d'après nous, sa résidence de fait, dans le ressort de la Cour d'appel où l'immeuble possédé, qu'on est en train de prescrire, est situé.

Le délai de la prescription abrégée est de vingt années quand le propriétaire contre lequel on prescrit n'a pas son domicile légal ou sa résidence de fait dans le ressort de la Cour d'appel où l'immeuble, possédé avec juste titre et bonne foi, se trouve situé (art. 2265). Le propriétaire est alors dit : non présent, ou absent.

Le motif de cette différence des délais est que la négligence du propriétaire est plus ou moins grande, selon qu'il habite, ou non, dans le voisinage de son immeuble, que l'on prescrit contre lui.

Il peut, d'ailleurs, arriver que le propriétaire, pendant que court contre lui la prescription abrégée, habite tantôt le ressort de la Cour d'appel où est situé l'immeuble, tantôt hors de ce ressort. Le calcul du délai de l'usucapion abrégée donne alors lieu à une opération d'arithmétique, dans laquelle deux années d'absence hors du ressort équivalent à une année de présence dans le ressort. Ex. : Le propriétaire de l'immeuble a été six ans absent et quatre ans présent ; c'est comme s'il avait été quatorze ans absent ; il sera donc nécessaire, pour que l'usucapion abrégée soit accomplie contre lui, qu'il soit encore : soit six ans absent du ressort de la Cour d'appel où est l'immeuble à prescrire, soit présent, dans ce ressort, pendant trois années.

Quand l'immeuble à prescrire appartient indivisément à plusieurs propriétaires qui sont les uns présents et les autres absents, on fait, contre chaque propriétaire, un calcul séparé, en sorte que, au bout, par ex., de quinze ans de possession, les propriétaires présents auront perdu tout droit, alors que la prescription n'est pas encore accomplie contre les absents, qui bénéficient d'un délai double.

c) Effets de l'usucapion par dix ou vingt ans. — On peut acquérir, par l'usucapion abrégée, la pleine propriété des immeubles. On peut aussi acquérir, par 10 ou 20 ans, l'usufruit des immeubles. Ex. : un testateur a légué l'usufruit d'un immeuble dont il n'est pas propriétaire : le légataire *de bonne foi* acquerra cet usufruit par dix ou vingt ans.

Mais les servitudes continues et apparentes ne peuvent être acquises que par la possession trentenaire, puisque l'art. 690 est formel.

L'usucapion privilégiée, comme l'usucapion trentenaire, déplace, une fois accomplie, la propriété de l'immeuble au profit du possesseur ; et l'action réelle en revendication, que, jusque là, pouvait intenter le précédent propriétaire, est éteinte.

Et non seulement l'usucapion par dix et vingt ans éteint l'action en revendication, mais même elle éteint les hypothèques qui grèvent l'immeuble, quand les créanciers hypothécaires n'interrompent pas cette usucapion (art. 2180, 4°) : le possesseur, par hypothèse, a acquis, avec juste titre, un immeuble grevé d'hypothèques dont il ignore l'existence ; il prescrira l'hypothèque en même temps que la propriété ; mais remar-

quons que, dans ce cas, d'après l'art. 2180, la prescription de l'hypothèque ne commence à courir (comme celle de la propriété depuis la loi du
23 mars 1855), que du jour où le juste titre d'acquisition du prescrivant
a été transcrit sur les registres du conservateur des hypothèques.

§ 4. — Effets généraux de la prescription acquisitive. — 1° En
résumé, la prescription acquisitive a un effet positif : elle fait acquérir la
propriété et n'est plus seulement une simple exception paralysant l'action
en revendication.

2° L'étendue du droit acquis se mesure à l'étendue de la possession :
tantum præscriptum quantum possessum. Si donc un voisin du prescrivant a une servitude sur l'immeuble possédé, et l'exerce, le possesseur
deviendra bien propriétaire par usucapion, après 10, 20, ou 30 ans, suivant les cas, mais la servitude subsistera.

3° La prescription acquisitive accomplie rétroagit au jour où elle a
commencé ; en d'autres termes, la propriété acquise par usucapion date
du point de départ de la possession utile. Donc le prescrivant de mauvaise foi n'a pas, une fois accomplie la prescription trentenaire, à restituer les fruits qu'il aurait perçus, par ex., quelques jours avant la tren-
tième année révolue.

CHAPITRE II.

PRESCRIPTION LIBÉRATOIRE OU EXTINCTIVE

L'intérêt général exige qu'un débiteur ne puisse plus être inquiété, que
ce débiteur se soit, ou non, réellement libéré, lorsque la dette est devenue très ancienne, et que le créancier est resté pendant un très long
temps sans réclamer ce qui pourrait lui être dû.

La prescription libératoire peut donc produire cet effet de dégager un
débiteur d'une obligation antérieurement contractée : par suite, elle est
un mode *sui generis* de libération.

Il est évident que, en déclarant ainsi qu'une créance est éteinte, l'on
arrive quelquefois à consacrer des injustices, mais les avantages de la
prescription libératoire sont infiniment supérieurs à ses inconvénients.
Ex. : Un débiteur s'est réellement libéré ; il a payé son créancier qui lui
a donné quittance. Un très grand nombre d'années après, cet ex-débiteur détruit sa quittance ou, d'une manière plus générale, cette quittance
se trouve perdue ou anéantie. Dans ces conditions il est indispensable
qu'un créancier payé, mais connaissant la disparition de sa quittance,
ne puisse réclamer, à son ex-débiteur, un second paiement.

La prescription libératoire s'applique, en général, à tous les droits per-
sonnels et à tous les droits de créance. Certaines actions, cependant,
sont imprescriptibles ; il en est ainsi des actions en réclamation d'état,
de l'action en partage, de l'action qu'a le propriétaire de faire couper, sur

son fonds, les racines ou les branches des arbres plantés sur le fonds voisin (art. 673 et loi du 20 août 1881).

Des droits réels peuvent aussi s'éteindre par la prescription libératoire : les charges qui diminuent la propriété doivent, en effet, s'éteindre si leur peu d'utilité est démontré par le trop rare usage qu'on en fait.

Par ex., en matière de servitudes, le propriétaire du fonds dominant perd, après 30 ans de non exercice, le bénéfice de son droit, et le fonds servant prescrit sa libération.

Il en est de même en matière d'usufruit. La loi, qui d'ailleurs favorise peu l'usufruit, dispose que l'usufruitier perd son droit quand il reste pendant trente ans sans l'exercer, alors même que personne ne possède le fonds soumis à ce droit (art. 617). Le nu-propriétaire devient alors plein propriétaire. D'autre part, celui qui possède le fonds avec juste titre et bonne foi, pendant 10 ou 20 ans, suivant le cas, acquiert par prescription *la pleine propriété* du fonds; en sorte que l'usufruit se trouve alors éteint par l'effet de l'usucapion abrégée.

Il est, en tous cas, essentiel de remarquer qu'il ne faut pas voir dans la prescription libératoire une présomption légale qu'il y a eu une libération régulière dont on n'a pas conservé la preuve : la prescription extinctive est un véritable moyen de se libérer, résultant de l'inaction du créancier, prolongée pendant un certain temps.

§ 1. — ETUDE DES DIFFÉRENTES PRESCRIPTIONS LIBÉRATOIRES. — A. — Il faut distinguer ici : 1°La prescription de 30 ans (celle du droit commun, qui doit être appliquée dans toutes les hypothèses où la loi ne fixe pas un temps plus court); 2° la prescription de dix ans; 3° certaines prescriptions particulières, dont la durée varie entre cinq ans et quelques mois.

Les prescriptions de dix ans et au-dessus sont dites *grandes prescriptions*. Celles de cinq ans et au-dessous sont appelées *courtes prescriptions*. Les premières sont accomplies par cela seul que le créancier est resté inactif pendant un certain laps de temps, tandis que certaines des autres exigent, en outre, pour être accomplies, que le débiteur (art. 2275) prête, si le créancier l'exige, serment qu'il s'est libéré. De plus, la minorité ou l'interdiction du créancier suspendent les longues prescriptions qui courraient contre lui (art. 2252), tandis que les courtes prescriptions courent même contre les mineurs et les interdits (art. 2278).

B. — La prescription extinctive des créances suppose uniquement l'inaction prolongée du créancier. Cette inaction doit, en principe, durer trente ans (art. 2262).

C. — Mais il y a, à ce principe, de nombreuses exceptions. Sont éteintes *au bout de dix ans* d'inaction de celui qui pouvait agir : 1° Les actions en nullité relative (art. 1304); 2° Les actions du mineur contre le tuteur pour faits de tutelle (art. 475); 3° L'action d'un propriétaire contre son architecte (les dix ans courent à partir de la réception des travaux, art. 1792 et 2270); 4° L'action civile née d'un crime (art. 2 et 637, Code d'Instr. crim.).

D. — La prescription de *cinq ans* s'applique aux arrérages des rentes perpétuelles et viagères, aux arrérages des pensions alimentaires, aux loyers des maisons, au prix de ferme des biens ruraux, aux intérêts des sommes prêtées et généralement à tout ce qui est payable par année ou à des termes *périodiques* plus courts (art. 2277). La loi ne veut pas que l'accumulation des arrérages que le créancier viendrait demander après une inaction prolongée ne vienne ruiner les débiteurs.

Se prescrivent encore par cinq ans d'inaction de celui qui pouvait agir : 1° l'action en restitution des pièces que, une fois un procès jugé, les parties pourraient avoir à intenter contre les juges et avoués ; 2° l'action en garantie d'un partage dans l'hypothèse toute spéciale de l'art. 886; 3° Après la dissolution d'une société commerciale, toute action contre les associés non liquidateurs (art. 64, C. com.) ; 4° les actions relatives au paiement des effets de commerce (art. 189, C. com.).

E. — L'action *civile* née d'un délit se prescrit par *trois ans* d'inaction (art. 2 et 638, Code Instr. crim.).

F. — Se prescrivent par *deux ans* : 1° l'action des avoués pour le paiement de leurs frais et salaires (art. 2273) ; 2° l'action en rescision, pour cause de lésion, d'une vente immobilière (art. 1676).

G. — Se prescrivent par *un an* que le créancier laisse écouler sans agir : l'action des médecins, chirurgiens et apothicaires pour leurs visites, opérations et médicaments ; celle des huissiers pour le salaire des actes qu'ils signifient, et des commissions qu'ils exécutent : celle des marchands pour des marchandises qu'ils vendent aux particuliers non marchands ; celle des maîtres de pension pour le prix de la pension de leurs élèves ; et des autres maîtres pour le prix de l'apprentissage ; celle des domestiques qui se louent à l'année pour le paiement de leur salaire (art. 2272). L'action civile née d'un délit de simple police se prescrit aussi par un an (art. 2 et 640, C. Instr. crim.).

H. — Se prescrivent par *six mois* : L'action des maîtres et instituteurs des sciences et arts, pour les leçons qu'ils donnent au mois ; celle des hôteliers et traiteurs, à raison du logement et de la nourriture qu'ils fournissent ; celle des ouvriers et gens de travail pour le paiement de leurs journées, fournitures et salaires (Art. 2271).

I. — Se prescrit par *trois mois* : l'action en réparation d'un délit forestier (Art. 185, C. for.) ou d'un délit de chasse (art. 29, Loi 3 mai 1844).

J. — L'action civile en réparation d'un délit de pêche se prescrit souvent par *un mois* (Art. 62, Loi du 15 avril 1829).

§ 2. — Effets de la prescription libératoire. — La prescription libératoire fournit au débiteur, quand celui-ci veut l'invoquer, une exception péremptoire, un moyen de défense qu'il opposera à l'action du créancier ; ce dernier sera alors purement et simplement débouté de sa demande. Mais il a été déjà dit qu'il ne suffit pas, pour être libéré, d'opposer en justice l'exception de prescription, quand le débiteur veut se prévaloir de l'une des *petites prescriptions autres que la prescription quinquennale* ; il faut de plus, si le créancier l'exige, que le débiteur jure avoir payé.

Quand ce débiteur est mort et que la prescription est opposée par ses héritiers, il est évident que le créancier ne peut pas déférer le serment dans les mêmes termes : les héritiers n'auront qu'à jurer qu'ils ne savent pas si la chose est due. D'ailleurs le silence du Code sur ce point ne permet pas de décider que le créancier pourrait se prévaloir d'un aveu du débiteur, au lieu de déférer le serment à celui-ci.

La prescription libératoire accomplie rétroagit au jour où elle a commencé ; la dette éteinte par prescription est censée l'être du jour où commence cette prescription. Donc une fois la prescription de la créance accomplie, aucune dette d'intérêts, relatifs à cette créance, ne peut survivre.

CHAPITRE III.

Règles communes aux deux prescriptions

Un certain nombre de règles sont communes aux deux sortes de prescriptions. La prescription, en effet, a toujours pour fondement la nécessité sociale de ne pas porter atteinte, après un long temps, à des situations établies.

§ 1. — Renonciation aux deux prescriptions. — La prescription étant une institution d'intérêt public, on ne peut, par avance, renoncer au droit de l'invoquer plus tard (art. 2220). Cette renonciation, que l'on concevrait surtout pour la prescription extinctive, serait devenue de style dans les contrats : les créanciers n'eussent jamais manqué d'exiger de leurs débiteurs cette renonciation anticipée.

De ce que la prescription est d'ordre public, on déduit encore que les parties ne pourraient pas, au moment du contrat, stipuler que l'obligation du débiteur se prescrira seulement par un laps de temps d'une durée supérieure à celle fixée par la loi. Mais, inversement, la jurisprudence ne défend pas d'abréger le délai de la prescription : c'est ainsi que les compagnies d'assurances contre l'incendie restreignent habituellement à un an (au lieu de trente) la durée de la prescription de l'action qui appartient à l'assuré en cas de sinistre.

Si on ne peut renoncer par avance à invoquer la prescription, on peut renoncer à la prescription une fois que celle-ci est acquise. Le législateur a voulu ici tenir compte des scrupules de conscience, soit d'un possesseur qui ne veut pas acquérir par des moyens répugnant à sa délicatesse, soit d'un débiteur qui sait n'être pas libéré. La renonciation est donc un acte unilatéral par lequel on déclare ne pas vouloir devenir, par ex., propriétaire. La renonciation n'est donc pas une donation ou une contre-aliénation ; c'est la simple restitution d'une chose que le possesseur ou le débiteur a conscience de ne pas lui appartenir ; aucun droit de mutation n'est dû ; la théorie du rapport et celle de la réduction ne sauraient s'appliquer.

Cependant la renonciation à la prescription acquise équivaut, au fond, à une aliénation ; donc, pour pouvoir renoncer, il faut être capable d'aliéner (art. 2222). Ajoutons que cette renonciation, étant la manifestation d'un scrupule de conscience, ne peut être faite, au nom d'un mineur, par le tuteur même autorisé.

Supposons maintenant que le possesseur d'un immeuble ait victorieusement opposé en justice, à l'action en revendication, la prescription acquisitive. Puis, pris d'un scrupule tardif, il ne veut pas profiter du bénéfice de cette prescription *définitivement acquise*. Sa renonciation sera alors une *rétrocession*, et il faudra une transcription de la renonciation pour que cette rétrocession soit opposable aux tiers (Loi 23 mars 1855). Mais remarquons que cette rétrocession ne sera pas une donation véritable : en effet, la prescription, une foi invoquée par le possesseur (ou le débiteur) *a laissé subsister une obligation naturelle* à la charge de celui-ci. Or, l'obligation naturelle peut être l'objet d'un paiement valable sans qu'il y ait libéralité.

Il peut arriver que le possesseur renonce à une prescription qui n'est pas encore complètement achevée : il ne s'est, par ex., encore écoulé qu'une partie du temps requis par la loi. Le possesseur (ou le débiteur) pourra alors renoncer au bénéfice de la prescription pour le temps déjà passé ; il se produira ainsi une interruption de prescription résultant de la reconnaissance du droit du propriétaire (ou du créancier), reconnaissance qui supprimera le temps déjà couru, mais laissera place à une nouvelle prescription qui, en général, recommencera aussitôt à courir.

La renonciation à la prescription est expresse ou tacite. Elle est *expresse* quand le possesseur (ou le débiteur) déclare formellement renoncer à son droit d'opposer la prescription : le paiement fait par le débiteur est la plus énergique des renonciations à la prescription libératoire. Elle est *tacite* lorsqu'elle résulte d'un fait impliquant l'abandon du droit acquis. Par ex., un possesseur, en train de prescrire, prend à bail le fonds qu'il possédait ; sa possession devient dès lors, pour l'avenir, précaire : la prescription ne peut plus continuer ; il y a renonciation tacite. Mais le silence que garderait au début de l'instance, relativement à la prescription, une personne actionnée en revendication ou en paiement, n'est pas, à moins de circonstances spéciales, considéré comme une renonciation à la prescription ; car celle-ci peut être opposée en tout état de cause, et même en appel (art. 2224).

§ 2. — Qui peut opposer la prescription. — La prescription peut être invoquée, non seulement par le défendeur, mais encore par toutes autres personnes intéressées et en particulier par les créanciers.

A. — *Intéressés*. — Supposons, par ex., qu'un possesseur d'immeubles, en train de prescrire, ait accordé à un tiers une servitude discontinue sur cet immeuble. Le tiers n'a pas alors la ressource d'invoquer, de son chef, la prescription. Mais il peut l'invoquer du chef de celui qui a prescrit l'immeuble tout entier, malgré la renonciation de ce prescrivant.

B. — *Créanciers.* — Les créanciers d'un débiteur ou d'un possesseur peuvent opposer la prescription *accomplie*, même au cas où le prescrivant a renoncé à l'opposer. Ils écartent ainsi, en démontrant que leur débiteur a prescrit sa dette, le concours d'un créancier, c'est-à-dire augmentent leur gage (art. 2092) ; de même, ils augmentent ce gage en démontrant que leur débiteur a prescrit un immeuble. Les créanciers font d'ailleurs annuler la renonciation de leur débiteur en montrant qu'elle leur est préjudiciable (art. 2225) ; et il est inutile qu'elle soit frauduleuse, comme au cas de l'action Paulienne, c'est-à-dire de l'art. 1167.

§ 3. — Comment s'oppose la prescription et a quel moment. — La prescription acquisitive peut s'invoquer de deux façons : celui qui a prescrit, *s'il est resté en possession de l'immeuble prescrit*, repoussera par une exception l'action du précédent propriétaire ou d'un tiers ; *s'il a perdu la possession*, il intentera avec succès la revendication. Au contraire, la prescription libératoire n'engendre jamais qu'une exception par laquelle le débiteur qui l'invoque repousse l'action de son créancier. C'est là une différence considérable entre les deux prescriptions.

La prescription peut être opposée en tout état de cause et même, pour la première fois, en appel (art. 2224). Ainsi la prescription peut être opposée, au cours d'un procès, jusqu'au moment où le juge du dernier ressort commence, après avoir déclaré que l'affaire est entendue, à délibérer sur la solution à donner à celle-ci.

Mais la prescription ne peut être invoquée, pour la première fois, quand l'affaire jugée en dernier ressort est arrivée devant la Cour de Cassation. En effet, devant cette Cour, le procès n'est pas remis en question. La Cour doit seulement examiner si la décision attaquée a violé la loi ou les formes. Donc, si la prescription n'a pas été invoquée dans les procédures antérieures, la Cour de Cassation, ne statuant que sur les motifs consignés dans la décision judiciaire qui lui est soumise, ne peut trancher une question de prescription qui, pour la première fois, serait soulevée devant elle.

Les tribunaux ne peuvent suppléer la prescription. — Tant que le procès n'est pas terminé, le défendeur peut invoquer la prescription. Mais les juges ne peuvent l'invoquer d'office, quand les conclusions de celui qui peut s'en prévaloir sont muettes sur ce point, et repousser ainsi la demande (art. 2223). Il peut y avoir eu, en effet, une interruption de prescription ignorée du juge, et le défendeur peut, par un scrupule de conscience, ne pas vouloir employer ce moyen de défense. Mais le ministère public, protecteur né des incapables, doit invoquer la prescription quand ces incapables négligent de le faire. Le silence du ministère public pourrait donner ouverture, dans ce cas, à la requête civile.

Remarquons qu'il n'est ici question que de la prescription en matière civile, et que les principes généraux du Droit Criminel exigent, au contraire, que le juge supplée, en matière pénale, la prescription.

§ 4. — COMMENT SE COMPTE LA PRESCRIPTION. — La prescription se compte par jours, et non par heures. Elle n'est acquise que si le dernier jour du délai est complètement écoulé (art. 2260 et 2261). Par ex., une prescription de six mois, commencée le 1ᵉʳ avril, est accomplie à l'expiration du premier jour du mois d'octobre : les mois se comptent de quantième à quantième.

Le point de départ du délai pendant lequel la prescription doit courir se place au lendemain de l'entrée en possession (pour la prescription acquisitive), au lendemain de l'échéance de l'obligation (pour la prescription libératoire) ; le jour où la prescription commence réellement ne compte donc jamais dans le calcul du délai : *dies a quo non computatur* : il eût été, en effet, trop difficile de préciser, au cas de contestation, le moment exact où elle commence en réalité.

CHAPITRE IV.

INTERRUPTION ET SUSPENSION DE LA PRESCRIPTION

Deux causes peuvent prolonger le délai normal de la prescription : il peut, en effet, se produire soit une interruption, soit une suspension de prescription. Quand il y a interruption, et si l'interruption est valable, tout le temps qui avait couru antérieurement à cette interruption est supprimé, et ne pourra plus être compté pour conduire à la prescription.

Au contraire, lorsqu'il y a suspension, le temps n'est pas compté pendant la durée de cette suspension ; mais, si la cause de suspension vient à disparaître, le délai antérieur à cette suspension continue à compter et s'ajoute au nouveau délai, qui commence à courir. La suspension n'est qu'un temps d'arrêt : le temps antérieur à elle est mis en réserve. Il y a donc, entre la suspension et l'interruption, la même différence que celle existant entre le sommeil et la mort.

§ 1. — INTERRUPTION. — La prescription peut être interrompue naturellement ou civilement.

A. — *Mode d'interruption spécial à la prescription acquisitive : Interruption naturelle.* — Il y a interruption *naturelle* de la prescription acquisitive : 1° Quand le possesseur abandonne volontairement sa possession ; 2° Quand, par le fait d'un tiers, le possesseur est privé, *pendant plus d'une année*, de la jouissance de la chose ; 3° Quand, pendant le cours de la prescription, la chose possédée passe, *pour toujours*, dans la catégorie des choses imprescriptibles ; il n'y a donc pas interruption quand la chose possédée par le prescrivant devient dotale, c'est-à-dire hors du commerce *seulement* pendant la durée du mariage de la femme contre laquelle on prescrit.

L'interruption naturelle apporte un obstacle absolu, existant *ergà omnes*, à la prescription.

B. — *Mode d'interruption commun aux deux prescriptions : Interruption civile.* — L'interruption, tant de la prescription acquisitive que de la prescription libératoire, a lieu quand le créancier (ou le possesseur) fait un acte de poursuite, ou exerce ses droits. Etudions les divers moyens par lesquels un créancier (ou un propriétaire) peut, en affirmant son droit, interrompre la prescription.

a) Demande en justice. — La demande en justice, émanée du véritable propriétaire ou du créancier non payé, interrompt la prescription (art. 2246). Cette expression « demande en justice » comprend l'ajournement et tous les autres actes introductifs d'instance, les demandes incidentes, reconventionnelles, la tierce-opposition, et la production des créanciers dans une faillite ou dans un ordre.

La demande en justice interrompt la prescription même si elle est formée devant un tribunal incompétent ; au contraire l'interruption ne se produit pas si la demande est nulle pour défaut de forme. On peut dire, pour justifier ces deux solutions qui semblent contradictoires, que l'observation des formalités prescrites pour la régularité d'une citation ne présente pas de difficultés sérieuses, d'autant moins qu'elle exige l'intervention d'un officier public responsable. Au contraire, les questions de compétence sont très délicates.

Lorsque le demandeur se désiste de la demande, il n'y a pas, du chef de cette demande, interruption de la prescription. Le demandeur reconnaît, en effet, en se désistant, que sa demande n'était pas fondée (Art. 2247). Il n'y a pas non plus, dit l'art. 2247, interruption au cas de péremption d'instance, ou si la demande est rejetée comme non fondée ; dans ce dernier cas, le tribunal ayant déclaré que celui qui se prétend créancier n'a aucun droit, on ne voit pas très bien quelle serait alors l'utilité de la prescription.

b) Citation en conciliation. — La tentative de conciliation devant le juge de paix interrompt la prescription, mais seulement à la condition d'être suivie d'une demande en justice dans le mois qui suit la non-comparution ou la non-conciliation. Même si la tentative de conciliation n'est pas imposée par la loi, il faut la considérer, quand elle a eu lieu, comme interruptive de la prescription, car la diligence du demandeur est manifeste. Cependant la jurisprudence est en sens contraire.

c) Commandement. — C'est surtout la prescription libératoire qui est interrompue par un commandement. Le commandement est un exploit d'huissier, fait en vertu d'un titre exécutoire, et contenant injonction d'exécuter ce à quoi on est tenu en vertu du titre.

Le commandement est le préliminaire de la saisie ; il doit précéder de 24 heures au moins la saisie mobilière et de 30 jours au moins la saisie immobilière.

Le commandement régulier en la forme interrompt la prescription alors même qu'il ne serait suivi, en fait, d'aucune saisie. Mais la simple sommation et les autres actes extra-judiciaires qui seraient adressés au débiteur ou au possesseur n'interrompraient pas la prescription.

d) Saisie. — Toute saisie régulière interrompt la prescription. Il était utile de mentionner ici les saisies, car toutes les saisies ne sont pas précédées d'un commandement (Ex. : Saisie-gagerie, saisie-foraine, saisie-revendication). De plus, même au cas où il y a lieu de signifier un commandement, comme la prescription recommence à courir le lendemain de cette signification, la saisie va l'interrompre de nouveau.

e) Reconnaissance de la dette ou de la propriété. — La reconnaissance que, d'une manière quelconque, le débiteur ferait de sa dette et celle que le possesseur ferait du droit de celui contre lequel il prescrit, interrompent la prescription. En matière de prescription libératoire, la loi nous donne un exemple de reconnaissance expresse (art. 2263) : Supposons un créancier d'une rente perpétuelle ; il y aura prescription si, au bout de trente ans, le créancier n'a rien réclamé à son débiteur. D'autre part, le capital de la rente n'étant pas exigible, le créancier n'a pu réclamer que des arrérages : or il lui serait impossible de prouver qu'il a réclamé et touché ces arrérages, puisque les quittances qu'il a pu donner sont entre les mains du *débiteur.* Pour éviter le danger que la prescription ferait, dans ce cas, courir au créancier, celui-ci a le droit de se faire donner un *titre nouvel* par son débiteur, quand le titre ancien a 28 ans de date.

C. — *Effets de l'interruption.* — L'interruption efface le temps déjà écoulé : tout est à recommencer ; mais, le lendemain du jour où l'interruption s'est produite, la prescription peut courir de nouveau. Cependant, s'il s'agit d'une demande en justice ou d'une saisie, il se produit une sorte de suspension tant que dure l'instance ou la saisie : l'effet interruptif est censé se renouveler à chaque acte de la procédure. D'ailleurs l'interruption civile ne produit d'effets qu'entre les personnes entre lesquelles elle intervient ; elle est donc *relative* dans ses effets.

§ 2. — SUSPENSION DE LA PRESCRIPTION. — En principe, la prescription court contre toutes personnes ; mais la loi en suspend quelquefois le cours pendant une certaine période, après laquelle la prescription recommence à courir ; le temps antérieur à la suspension reste alors acquis à la prescription.

A. — *Mineurs et interdits.* — Les causes de suspension de la prescription se rattachent d'abord à des considérations fondées sur la situation personnelle de celui contre qui la prescription s'accomplirait (art. 2252) : *les prescriptions ne courent pas contre les mineurs, émancipés ou non, et les interdits légaux ou judiciaires.* Les mineurs ou les interdits sont, en effet, hors d'état de se défendre contre la prescription. C'est une exception à la règle générale que la prescription court contre toute personne ; il n'y a donc pas à étendre, par analogie, aux autres incapables (par ex. : aux prodigues ou aux aliénés non interdits), le bénéfice de cette disposition.

Cette cause de suspension peut avoir pour résultat d'allonger indéfiniment le délai requis pour prescrire. Supposons, en effet, qu'un mineur décède à vingt ans, laissant pour héritier un mineur très jeune ; que cet héritier meure à son tour à vingt ans, laissant un héritier mineur, etc. La prescription ne s'accomplira jamais, puisqu'elle sera indéfiniment suspendue. Remarquons, d'autre part, que la minorité et l'interdiction du créancier ou du propriétaire suspendent seulement les longues prescriptions, tandis que les courtes prescriptions (de cinq ans et au-dessous) courent même contre les mineurs et les interdits (art. 2252, 2278) ; la solution contraire eût été plus logique, puisque, plus la durée du déla requis pour prescrire est courte, plus celui contre qui on prescrit a besoin d'être protégé.

B. — *Femmes mariées.* — La prescription court, en principe, contre les femmes mariées. Mais, exceptionnellement, si la femme est mariée sous le régime dotal, la prescription ne peut *commencer à courir* contre elle pendant que dure le mariage ; elle pourrait cependant *commencer à courir* si, pendant le mariage, la séparation de biens était prononcée ; c'est seulement en ce sens que l'on dit que le fonds dotal est imprescriptible (art. 2255).

La prescription ne court pas non plus contre la femme, mariée sous le régime de la communauté, dans le cas où l'action à prescrire ne peut être intentée qu'après que la femme aura pris parti sur la communauté (art. 2256) : Ex. : Le mari a donné un immeuble de la communauté : la femme ne peut attaquer cette donation si elle renonce à la communauté ; il y a donc suspension de la prescription, au profit de la femme, tant que dure cette communauté.

Enfin, la prescription ne court pas contre la femme mariée pour les actions qui, intentées par celle-ci, réfléchiraient contre le mari ; dans ce cas, en effet, la femme se trouve moralement empêchée de faire des actes interruptifs de prescription : ce serait, par ex., le cas où le mari aurait vendu un bien appartenant en propre à sa femme et sans le consentement de celle-ci (art. 2256). Le tiers acquéreur ne pourrait prescrire pendant le mariage. De même le délai de 10 ans qu'a la femme mariée pour attaquer les contrats qu'elle a passés sans autorisation de son mari ou de justice ne commence qu'après la dissolution du mariage (art. 1304).

C. — *Suspension de la prescription entre époux.* — L'intérêt de la tranquillité du ménage et aussi la crainte de favoriser des donations indirectes ont conduit le législateur à suspendre la prescription pour les actions que les époux pourraient avoir à exercer l'un contre l'autre, quel que soit d'ailleurs le régime matrimonial et même, puisque l'art. 2253 est général, au cas de séparation de corps.

D. — *Héritier bénéficiaire.* — Les créances qu'un héritier bénéficiaire peut avoir *contre la succession* ne se prescrivent point. Il est, en effet, inutile que l'héritier bénéficiaire provoque des condamnations contre une succession qu'il a intérêt à administrer le plus économiquement possible.

Mais il n'y a pas de suspension au profit d'une succession vacante, même non pourvue de curateur (art. 2258), car les créanciers de la succession peuvent interrompre la prescription qui court contre cette succession. De même la prescription court pendant les 3 mois et 40 jours accordés à l'héritier pour faire inventaire et délibérer, car, pendant ces délais, l'héritier peut faire des actes d'interruption.

E. — *Modalités de la créance.* — En principe, la prescription libératoire commence à courir du jour où est née la créance qu'il s'agit de prescrire (art. 2257). Il n'y a donc point, par ex., de prescription pour les créances conditionnelles tant que la condition ne s'est point réalisée ; ni pour les actions en garantie, tant que l'éviction, qui les fait naître, ne s'est pas produite (art. 2257).

F. — Dans notre ancienne jurisprudence, on admettait que la prescription était suspendue chaque fois que le créancier était dans l'impossibilité d'agir ; on disait alors : *Contrà non valentem agere, non currit prœscriptio.* Le juge appréciait. Cette règle, abrogée formellement par l'art. 2251, a cependant été conservée par nos tribunaux qui admettent des causes de suspension de prescription que la loi n'a pas admises.

C'est ainsi que la jurisprudence déclare la prescription suspendue : soit au cas de force majeure (alors que des lois et décrets, en 1870 et 1871, ont cru devoir suspendre spécialement la prescription pendant tout le temps de l'invasion allemande), soit au cas où le créancier a une juste cause d'ignorer l'existence de sa créance (alors que les mêmes tribunaux font courir la prescription contre le créancier *absent).*

APPENDICE

DE LA POSSESSION DES MEUBLES CORPORELS (ART. 2279)

En fait de meubles, la possession vaut titre (art. 2279). Cette règle signifie que le possesseur d'un meuble corporel peut, en principe, quand il est de bonne foi, et *par là même qu'il est possesseur*, garder ce meuble comme s'il avait un titre d'acquisition absolument valable ; il est alors traité comme un propriétaire, et l'ancien propriétaire ne peut agir en revendication.

A Rome, la revendication des meubles était permise. La maxime : « En fait de meubles la possession vaut titre » est d'origine germanique. Elle disparaît pendant tout le moyen âge, et n'est formulée nettement qu'à la fin de notre ancien droit, par Bourjon, en même temps qu'elle pénètre dans la jurisprudence du Châtelet.

On peut justifier aisément cette maxime en argumentant de la nature même des meubles corporels qui circulent et changent de main, par simple tradition, sans qu'on rédige, en général, un écrit destiné à constater une semblable transmission. Par suite, le plus souvent, le propriétaire véritable d'un meuble n'aurait point, en réalité, de moyen pour prouver son acquisition, s'il ne pouvait invoquer le fait matériel de sa possession.

Quel est le fondement juridique de cette maxime ? Plusieurs solutions ont été proposées.

D'après quelques auteurs, il faudrait admettre, au profit du possesseur, une usucapion instantanée : Cette usucapion marquerait le dernier terme d'une série décroissante de délais qui, de l'art. 2262 à notre art. 2279, vont constamment en diminuant. Cette opinion, d'ailleurs spécieuse, semble aujourd'hui abandonnée ; on ne peut comprendre, en effet, *l'usucapion* qu'avec une possession d'une durée plus ou moins longue, mais différente de zéro ou même différente de la durée d'un instant de raison.

La jurisprudence voit dans la règle de l'art. 2279 une présomption légale d'acquisition attachée au fait de la possession. Cette idée est inadmissible, car les présomptions légales ne peuvent résulter que d'un texte formel (comp. cependant l'art. 1350, 2°).

Nous pensons avec Bourjon, qui a le premier nettement formulé la maxime : « en fait de meubles la possession vaut titre », que la règle de l'art. 2279 indique *un mode d'acquérir* spécial aux meubles : la possession est ici, par elle-même, une cause d'acquisition. Si on objecte, contre cette opinion, que les art. 711 et 712 n'énumèrent pas la possession des meubles parmi les modes d'acquérir, il suffit de remarquer que l'occupation, par ex., ne figure pas non plus dans cette énumération, qui est, par suite, certainement incomplète.

§ 1. — Biens auxquels s'applique cette manière d'acquérir. — La règle de l'art. 2279 ne s'applique qu'aux meubles corporels. Elle ne s'applique donc pas aux meubles incorporels, par ex. aux droits de créance, ni aux universalités de meubles, c'est-à-dire aux biens, considérés en bloc, qui composent les successions mobilières, car les universalités sont des choses abstraites. Tels sont les principes.

Mais il y a des exceptions : D'une part, en effet, nous appliquerons la règle de l'art, 2279 aux créances constatées par des titres aux porteurs, car dans ce cas la créance est, pour ainsi dire, matérialisée avec le titre, et puisque l'établissement financier débiteur doit toujours payer au porteur du titre, ce titre s'identifie presque avec la somme qu'il représente.

D'autre part, et en sens inverse, il est quelques meubles corporels auxquels la règle ne s'applique pas. Il en est ainsi, notamment, des *navires*, qui ont leurs registres d'état-civil, et sont assujettis, quant à la transmission de propriété, à des règles spéciales : c'est ainsi que, pour cette transmission, un écrit est toujours nécessaire. Les navires ne sont donc pas soumis à la règle de l'art. 2279 : on ne peut s'en affirmer propriétaire par cela seul qu'on en est possesseur ; seule, la prescription de trente ans pourrait en faire acquérir la propriété, aux termes du droit commun (art. 2262).

De même on ne peut faire tomber sous l'application de l'art. 2279 les meubles corporels qui appartiennent au domaine public ; ces biens sont, en effet, hors du commerce (Ex. : les objets d'art appartenant à un musée, les volumes d'une bibliothèque publique, etc.).

§ 2. — CONDITIONS AUXQUELLES UN POSSESSEUR PEUT INVOQUER LA MAXIME. — A. — Il faut d'abord qu'il y ait eu une prise de possession réelle, effective (arg. art. 1141).

B. — Il faut, en second lieu, une possession à titre de propriétaire, c'est-à-dire à titre non précaire. Cette condition, que n'édicte pas l'art. 2279, se trouve formulée en bloc par l'art. 2229, pour tous les articles qui suivent.

C. — *Il faut que le possesseur soit de bonne foi.* — Bien que l'existence de cette condition ne soit pas non plus indiquée par l'art. 2279, elle est certaine, car elle est traditionnelle et mentionnée expressément dans l'art. 1141 qui contient une application de notre maxime.

§ 3. — EFFETS DE LA RÈGLE : EN FAIT DE MEUBLES, POSSESSION VAUT TITRE. — Le possesseur actuel du meuble corporel en est propriétaire, et l'ancien propriétaire ne peut revendiquer le meuble contre lui. Mais notre règle ne protège pas le possesseur contre les actions *personnelles* que peut avoir l'ancien propriétaire en invoquant la nullité ou en demandant la rescision du titre qui a été la cause de la possession ; l'ancien propriétaire n'aura jamais d'ailleurs, dans ce cas, qu'un simple droit de créance, et ne pourra obtenir que des dommages-intérêts.

§ 4. — EXCEPTIONS A LA RÈGLE : EN FAIT DE MEUBLES, POSSESSION VAUT TITRE. — A. — Le Code civil formule (art. 2279) l'exception suivante : Le propriétaire qui a perdu un meuble ou à qui ce meuble a été volé peut le revendiquer, pendant trois ans, contre les tiers possesseurs de bonne foi. Remarquons que cette exception ne concerne que les tiers acquéreurs ; elle ne concerne, en effet, ni le voleur, ni l'inventeur du meuble ; car puisque, pour pouvoir invoquer l'art. 2279, il faut être de bonne foi, ces derniers n'ont pas pu acquérir par possession.

Le délai de trois ans pendant lequel peut être revendiqué le meuble perdu ou volé a été porté à 30 ans pour les meubles soustraits pendant la Commune de Paris (Loi du 12 mai 1871).

Il peut se faire, remarquons le, qu'une personne ait acquis *a non domino* la possession d'un meuble, sans que ce meuble ait été perdu ou volé. Supposons, par ex., que le propriétaire d'un meuble mette ce meuble en dépôt, et que le dépositaire le vende à un tiers : ce tiers pourra opposer la maxime : « en fait de meubles possession vaut titre », car le meuble n'a été ni perdu, ni volé ; il y a eu seulement abus de confiance, et les exceptions ne peuvent s'étendre par analogie.

En principe, le propriétaire de la chose perdue ou volée peut la revendiquer librement, sans aucune condition, sauf le recours en garantie du possesseur contre celui qui l'a transmise. Cependant, si le tiers contre lequel est dirigée la revendication a acheté la chose perdue ou volée, dans une foire, ou dans un marché, ou dans une vente publique, ou bien encore d'un marchand vendant des choses pareilles, le revendiquant est obligé de restituer au possesseur le prix de son acquisition (Art. 2280). Son intérêt de revendiquer réside alors uniquement dans l'affection que le véritable propriétaire peut avoir pour le meuble. D'ailleurs, dans ce cas, le propriétaire revendiquant et restituant le prix à l'acheteur a un recours, assez platonique en général, contre le voleur (art. 1382).

B. — Une autre exception à la règle : « en fait de meubles possession vaut titre » est contenue dans la loi du 15 juin 1872, sur les titres au porteur perdus ou volés. Ces titres, en effet, sont très difficiles à retrouver, une fois qu'ils ont été volés ou perdus. A partir de 1871, le législateur a dû intervenir, car beaucoup de titres au porteur avaient été perdus ou volés pendant la guerre et la Commune. La loi du 15 juin 1872 en facilite la revendication, que seuls les principes de l'art. 2279 réglementaient auparavant. Le commentaire de cette loi, d'ailleurs très compliquée, appartient au Droit commercial.

DU MÊME AUTEUR :

Exposé Élémentaire des Principes du Codé Civil, tome Ier, à l'usage des Étudiants de première année. — Paris, 1891 Prix broché : **5 francs.**

Le même ouvrage, avec une feuille de papier blanc intercalée entre chaque feuille du texte, et permettant de prendre des notes. — Prix : **6 francs.**

La Loi du 26 Juin 1889 et la Condition des Étrangers *(Droit international privé)* à l'usage des Étudiants de troisième année. — Paris, 1891. — Prix : **1 fr. 25.**

Le même, avec papier blanc intercalé. — Prix : **1 fr. 50.**

L'organisation de la Famille, le Droit des Personnes et la Nationalité. — Paris, 1891. — Prix net : **4 francs.**

Étude historique sur le principe de la publicité des Hypothèques. — Paris, 1886. — Prix, broché : **5 francs.**

www.ingramcontent.com/pod-product-compliance
Ingram Content Group UK Ltd.
Pitfield, Milton Keynes, MK11 3LW, UK
UKHW020102100726
13658UKWH00004B/1917